LAS ROCAS

RICHARD Y LOUISE SPILSBURY

Chicago, Illinois

www.heinemannraintree.com
Visit our website to find out more information about Heinemann-Raintree books.

To order:
☎ Phone 888-454-2279
💻 Visit www.heinemannraintree.com to browse our catalog and order online.

Edited by Louise Galpine and Diyan Leake
Designed by Victoria Allen
Illustrated by Geoff Ward and KJA Artists
Picture research by Hannah Taylor
Originated by Capstone Global Library Ltd
Printed and bound in China by CTPS
Translation into Spanish by DoubleOPublishing Services

15 14 13 12 11
10 9 8 7 6 5 4 3 2 1

Library of Congress Cataloging-in-Publication Data
Spilsbury, Richard, 1963-
  [Cristals. Spanish]
  Cristales / Richard y Louise Spilsbury.
    p. cm. -- (Las rocas)
  Includes bibliographical references and index.
  ISBN 978-1-4329-5649-3 (hardcover) -- ISBN 978-1-4329-5657-8 (pbk.)
  1. Crystals--Juvenile literature. 2. Crystallography--Juvenile literature. I. Spilsbury, Louise. II. Title.
  QD906.3.S6518 2011
  549'.18--dc22
                              2011009779

Acknowledgments
The author and publisher are grateful to the following for permission to reproduce copyright material: Alamy Images pp. 16 (© PjrStudio), 18 (© imagebroker), 24 (© imagebroker); © Capstone Publishers pp. 28 (Karon Dubke), 29 (Karon Dubke); Corbis pp. 8 (Tony Waltham/Robert Harding World Imagery), 22 (dpa/Jens Wolf); FLPA p. 6 (Albert Lleal/Minden Pictures); Getty Images pp. 5 (Carsten Peter/Speleoresearch & Films/National Geographic), 15 (Per-Anders Pettersson), 23 (Imagemore Co., Ltd), 25 (Photo by Prudence Cuming Associates Ltd/DACS 2010), 26 (AFP/Matt Brown); istockphoto p. 13 (© KingWu); Photolibrary pp. 4 (A. & F. Michler), 11 (Gerhard Gscheidle), 12 (Imagebroker RF/Christian Handl), 14 (Alvaro Leiva), 17 (Thierry Bouzac), 20 (CuboImages/Alfio Giannotti), 27 (Peter Arnold Images/William Campbell).

Cover photograph of the Cave of Crystals (Cueva de los Cristales) in Naica Mine, Chihuahua, Mexico, reproduced with permission of Science Photo Library (MSF/Javier Trueba).

We would like to thank Dr. Stuart Robinson for his invaluable help in the preparation of this book.

Every effort has been made to contact copyright holders of any material reproduced in this book. Any omissions will be rectified in subsequent printings if notice is given to the publisher.

Disclaimer

CONTENIDO

Las profesiones y las rocas

Averigua sobre el trabajo vinculado con el estudio de las rocas.

Consejo de ciencias

Fíjate en nuestros interesantes consejos para saber más sobre las rocas.

¡Cálculos rocosos!

Descubre los números asombrosos del mundo de las rocas.

Biografía

Lee sobre la vida de las personas que han realizado descubrimientos importantes en el estudio de las rocas.

Algunas palabras aparecen en negrita, **como éstas**.
Puedes averiguar sus significados en el glosario de la página 30.

¿QUÉ SON LOS CRISTALES?

Los cristales son estructuras sólidas de formas definidas, con bordes y ángulos bien marcados. La sal, los copos de nieve y los **rubíes** son tipos de cristales. Los cristales más comunes de todos son los que componen las rocas de nuestro planeta.

DENTRO DE LAS ROCAS

Los cristales son minerales que han tenido la oportunidad y el espacio para desarrollarse en una forma determinada. Los minerales son sustancias naturales que se han formado dentro de la superficie de la Tierra o sobre ella. Si los minerales se forman en lugares en donde no hay demasiado espacio, es probable que no tengan la forma de un cristal.

Consejo de ciencias

Usa una lupa o un microscopio para observar unos granos de azúcar y de sal. Mira cómo la luz se refleja sobre sus superficies planas. Compara las formas.

Los copos de nieve son cristales de hielo que se forman cuando se congelan las gotitas de agua contenidas en las nubes.

VARIEDAD DE CRISTALES

Algunos cristales son diminutos, como los que se encuentran dentro de la roca de granito. ¡Otros cristales son tan largos como un autobús! Algunos cristales son comunes. La arena de la mayoría de las playas y los desiertos del mundo está formada por cristales de **cuarzo**. Otros cristales, como los zafiros, son poco comunes. Los diamantes son cristales duros que se pueden usar para cortar metales. Otros cristales, como la sal, se **disuelven** en el agua o se derriten cuando se los calienta.

En este libro, recorreremos la historia de los cristales. Descubriremos cómo se forman, qué tipos de cristales existen, cómo se usan y muchas cosas más...

El mineral **yeso** se emplea en la fabricación de revoque para paredes. En el año 2000, unos mineros descubrieron una cueva subterránea repleta de enormes cristales de yeso. Algunos cristales miden más de 10 metros (32 pies) de largo y tienen medio millón de años de antigüedad.

¿CÓMO SE FORMAN LOS CRISTALES?

Muchos **minerales se cristalizan** (forman cristales) a partir de las sustancias químicas que están disueltas en los líquidos o que están presentes en la roca caliente y fundida en las profundidades de la Tierra. ¿Pero cómo lo hacen?

LOS CRISTALES CRECEN

Los cristales están ordenados en series de **átomos** o **moléculas** (grupos de átomos) que se repiten. Los átomos son los diminutos bloques que forman todas las cosas que existen en la Tierra. Los átomos o las moléculas de un cristal se unen de un modo especial, porque cada uno de ellos ocupa una cierta cantidad de espacio. Piensa en cómo están apilados los huevos en un cartón de huevos. La **cristalización** comienza con un cristal mineral diminuto llamado **cristal semilla**. Luego se unen, o se suman, más átomos o moléculas del mismo mineral a la parte externa de la semilla, de un modo muy parecido a la atracción que ejerce un imán sobre los objetos de metal.

Estas hermosas esmeraldas contienen moléculas compuestas por átomos de berilo, aluminio, silicio y oxígeno.

UNIDOS POR ENLACES

La fuerza de los enlaces formados durante la cristalización influye en las **propiedades** de un cristal. Por ejemplo, el diamante y el **grafito** son dos minerales que contienen únicamente átomos de carbono. En los diamantes, cada átomo de carbono está muy cerca y muy fuertemente unido a otros cuatro átomos. En el grafito, cada átomo de carbono está unido a otros tres en una capa, y las capas están unidas débilmente unas con otras. El grafito se usa en las minas de los lápices porque las capas se pueden quitar fácilmente al frotar el papel, dejando una marca.

Sabemos cómo pueden crecer los cristales y en qué se diferencian sus estructuras internas, pero ¿dónde ocurre en realidad la cristalización?

El diamante es más duro que el grafito porque los átomos de sus cristales están enlazados con más fuerza.

Las profesiones y las rocas

Los **cristalógrafos** son científicos que estudian los cristales. Los médicos emplean **rayos X** para ver el interior de los cuerpos. ¡Los cristalógrafos emplean rayos X para averiguar la disposición de los átomos y las moléculas dentro de los cristales!

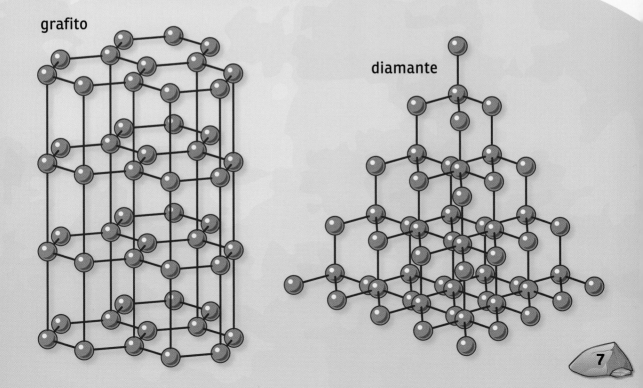

grafito

diamante

LOS CRISTALES DEL AGUA

¿Alguna vez has visto los cristales blancos que se forman alrededor de un charco que se seca sobre las rocas? Es la cristalización del agua de mar. El agua de mar es una **solución** que contiene mayormente sal y otros minerales disueltos en agua. La energía del calor y del viento modifica la solución. El agua en estado líquido de la solución se convierte en un gas llamado vapor de agua. Este fenómeno se denomina **evaporación**.

La evaporación deja moléculas de sal que se cristalizan alrededor de los cristales semilla de sal. Otros minerales como el **yeso** también pueden cristalizarse a partir de otras soluciones ricas en minerales que existen en la superficie terrestre. Sin embargo, hay muchos otros cristales que se forman bajo tierra.

¡Cálculos rocosos!

Si el agua de mar de 1 kilómetro (3/5 de milla) de profundidad se evaporara por completo, ¡dejaría una capa de cristales de sal de 15 metros (50 pies) de profundidad!

En muchos lugares, como en la Cuenca Salina del Inca, en Perú, los habitantes venden cristales de sal que producen llenando estanques poco profundos con agua de mar y dejando que se evapore con el calor del sol.

CUEVAS DE CRISTAL

Algunas soluciones minerales se forman cuando el agua de lluvia se filtra en las profundidades desde la superficie terrestre. El agua contiene dióxido de carbono disuelto del aire. Esto hace que el agua sea **ácida**, de modo que puede disolver fácilmente los minerales de las rocas blandas, como la piedra caliza. En algunos lugares, el agua ha desgastado tanta cantidad de piedra caliza durante tanto tiempo, que se han formado cuevas subterráneas.

El agua que gotea a través del techo de las cuevas contiene el mineral **calcita** disuelto a partir de las rocas de piedra caliza. La calcita se cristaliza cuando el agua se evapora de esta solución. A veces, con el paso del tiempo, los cristales de calcita se acumulan y forman estructuras colgantes asombrosas llamadas **estalactitas**. Los cristales también pueden formar altas **estalagmitas** en los lugares donde la solución de calcita cae sobre el suelo de la cueva.

> Las estalactitas y las estalagmitas se forman y crecen lentamente a partir de los minerales del agua que gotea. El mayor ritmo de crecimiento es de unos 3 mm (1/10 de pulgada) por año.

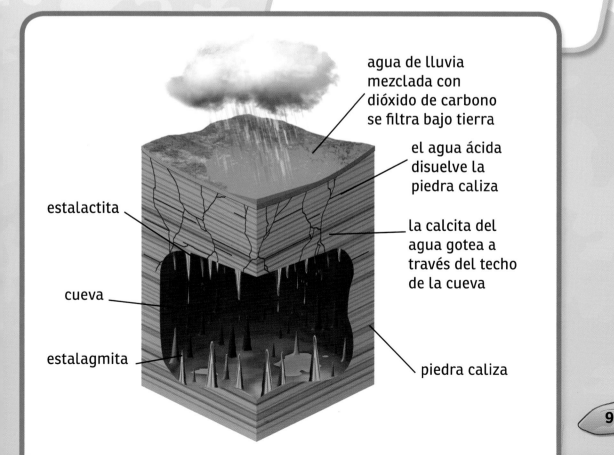

agua de lluvia mezclada con dióxido de carbono se filtra bajo tierra

el agua ácida disuelve la piedra caliza

la calcita del agua gotea a través del techo de la cueva

estalactita

cueva

estalagmita

piedra caliza

CRISTALES DE LAS ROCAS CALIENTES

Muchos cristales crecen cuando la roca líquida y caliente llamada **magma** finalmente se enfría. La capa exterior de roca dura de la superficie terrestre se llama **corteza**, y la capa gruesa de roca más blanda debajo de la corteza se llama **manto**. El magma se forma principalmente en las partes más profundas del manto que cubre al **núcleo**, el cual es el centro (aún más caliente) de la Tierra. El magma se desplaza lentamente alrededor del manto todo el tiempo y algunas veces asciende a la superficie, donde se enfría.

Los minerales pueden cristalizarse dentro del magma. También pueden formar soluciones con el agua subterránea. Las soluciones se filtran por las fracturas del magma, donde se cristalizan. Esta es la razón por la que a veces hallamos largas **vetas** de cristal de **cuarzo** a lo largo de las rocas.

El manto, donde se forman muchos cristales, tiene un espesor de 2,900 km (1,800 millas). El núcleo sólido de hierro de la Tierra se cristalizó a partir del magma rico en contenido de hierro del núcleo exterior.

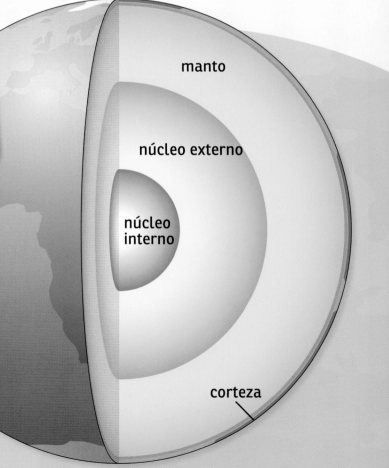

manto

núcleo externo

núcleo interno

corteza

CRISTALES MÁS PROFUNDOS

La mayoría de los cristales de diamante que se usa actualmente como joyas comenzó a formarse a 150 kilómetros (93 millas) bajo tierra, en la profundidad del manto. ¡Esta distancia es 16 veces más profunda que la altura del monte Everest! El peso de las miles de toneladas de roca que están encima del manto crea una presión sumamente alta. La presión hace que el carbono fundido del magma se cristalice formando diamantes duros. En condiciones de menor presión, el carbono habría formado grafito.

Las profesiones y las rocas

Algunos **geólogos** desarrollan máquinas especiales que pueden recrear las mismas altas temperaturas y alta presión existentes en el manto. Las usan para estudiar las condiciones que pueden hacer que los cristales se formen o se fundan, e incluso para crear diamantes.

Se encuentran diamantes en la corteza terrestre porque el magma que asciende los ha arrastrado desde el manto, donde se formaron.

¿DÓNDE PODEMOS HALLAR CRISTALES?

Los **geólogos** usan sus conocimientos sobre las rocas y la **cristalización** para ayudar a buscar cristales. Algunos cristales se encuentran expuestos sobre la superficie terrestre, pero la gran mayoría está escondido bajo tierra.

UBICACIÓN DE LOS CRISTALES

Los geólogos buscan cristales en ciertos tipos de roca o en sitios determinados. Por ejemplo, muchos diamantes se encuentran en la roca kimberlita, que se forma cuando el magma que asciende desde las profundidades hasta la superficie se enfría. Algunos cristales se encuentran principalmente cerca de los **volcanes**, donde el **magma** se acerca o llega a la superficie a través de agujeros en la **corteza** terrestre. Por ejemplo, los cristales de **azufre** crecen donde se enfría el magma ardiente o el gas volcánico rico en **minerales** de azufre.

Los cristales de azufre tienen un distintivo color amarillo brillante y ¡huelen ligeramente a huevo podrido! Las personas recogen el azufre para hacer cosas como el caucho y fósforos.

Los picos espectaculares de Guilin, China, se formaron por el desgaste y la erosión de los minerales de la piedra caliza.

DESGASTADOS

La mayor parte de los cristales se revela cuando la superficie de la roca se fragmenta en **partículas** (pedazos diminutos) a través del **desgaste** o la **erosión**. Esto ocurre con el paso de largos períodos de tiempo y de diferentes maneras. Puede ocurrir cuando el agua se congela en las grietas de las rocas y las rompe. Cuando el viento o las corrientes de agua arrastran las rocas, es posible que dejen los cristales de los minerales más duros.

Las profesiones y las rocas

Los sedimentólogos estudian las rocas sedimentarias. Usan las pistas que descubren en las partículas para averiguar la historia del desgaste y la erosión de la Tierra.

El desgaste y la erosión son parte del **ciclo de la roca**, en el que la roca cambia continuamente de un tipo de roca a otro. Con el paso de millones de años, las partículas desgastadas del manto forman una roca nueva en la corteza terrestre llamada **roca sedimentaria**. En algunos lugares de la Tierra, esta corteza se hunde dentro del manto, donde sus minerales se funden en el magma.

SEPARAR CRISTALES

Las personas utilizan diferentes métodos para separar los cristales de las partículas indeseables. Un método es rociar agua con mangueras de alta **presión** sobre el suelo duro que podría contener cristales. La fuerza fragmenta el suelo y las partículas se mezclan con el agua, formando un lodo fino. Luego se filtra el lodo a través de una criba para retirar los cristales.

Consejo de ciencias

Busca un arroyo poco profundo con un fondo de gravilla. Comprueba con un adulto si es seguro entrar al agua. Recoge un poco de gravilla usando una sartén vieja y chata, y agítala en forma circular. Debes ver que la gravilla se lava, pero los objetos más pesados del mismo tamaño, como los cristales, quedan en el fondo de la sartén.

En algunos lugares, las personas usan cribas o cestas para separar los cristales de la gravilla extraída del lecho de los ríos.

CRISTALES Y MINERÍA

A veces, los mineros hallan **vetas** sólidas de cristales que sobresalen en las rocas de la superficie. En el pasado, los mineros usaban cuernos de ciervo y hachas para extraer los cristales. Excavaban poco a poco la tierra usando palas, siguiendo la veta. Hoy en día, los mineros usan máquinas excavadoras poderosísimas y perforadoras para excavar bajo tierra en búsqueda de cristales. Los mineros construyen túneles que se mantienen abiertos con fuertes soportes de metal, de modo de poder continuar explotando la mina cada vez a mayor profundidad.

La roca que excavan los mineros a veces contiene cristales escondidos dentro de ella. Los mineros trituran la roca formando un lodo para llegar a los cristales. Los mineros de diamantes vierten el lodo de roca kimberlita triturada por una rampa cubierta de grasa. Sólo los diamantes se pegan a la grasa.

Esta enorme mina de diamantes en Botsuana es la más grande del mundo. Cada uno de los camiones que se observan en la fotografía puede transportar más de 200 toneladas de roca que podrían contener diamantes.

HACER CRISTALES

Algunos científicos no necesitan buscar cristales ni extraerlos de las minas, ¡porque los hacen crecer ellos mismos! Generalmente producen cristales en máquinas que alcanzan altas temperaturas, a partir de fuertes **soluciones** minerales. Las condiciones son controladas de modo que los científicos pueden asegurarse de que se formen cristales de gran tamaño y sin grietas. Por ejemplo, se hacen crecer cristales largos de **silicio** que puedan cortarse en rodajas delgadas, para que sean usados en las celdas solares que generan electricidad a partir de la luz solar.

Las profesiones y las rocas

Algunas personas fabrican **gemas** falsas para vender. A veces, los geólogos trabajan para joyeros o para agentes del orden con el objeto de identificar cristales falsos. Los científicos buscan diferencias en las **propiedades** entre los cristales genuinos y los falsos. Por ejemplo, el **láser** se mueve de manera diferente a través de un diamante real que a través de uno falso.

Los cristales de circonia se producen en máquinas de laboratorio. Son mucho más económicos y brillantes que los diamantes genuinos.

RECOLECTAR CRISTALES

¿Te gustaría recolectar tus propios cristales? Visita la biblioteca de tu vecindario, o un museo, para buscar una zona cercana donde sea seguro buscar cristales interesantes. Usa ropa vieja y guantes cuando estés recolectando cristales, para evitar ensuciarte o lastimarte con las rocas filosas. A menudo necesitarás partir las rocas para descubrir los cristales. Usa siempre gafas protectoras para prevenir que te entre en los ojos una esquirla de roca o polvo, y usa un martillo especial para rocas. El metal que se usa en los martillos normales se puede romper al golpear contra las rocas más duras.

Consejo de ciencias

¡Cuidado con los cristales de azufre! Respirar los vapores de estos cristales puede dañar tus pulmones. Las personas que trabajan en las minas de azufre usan máscaras especiales para protegerse de los vapores.

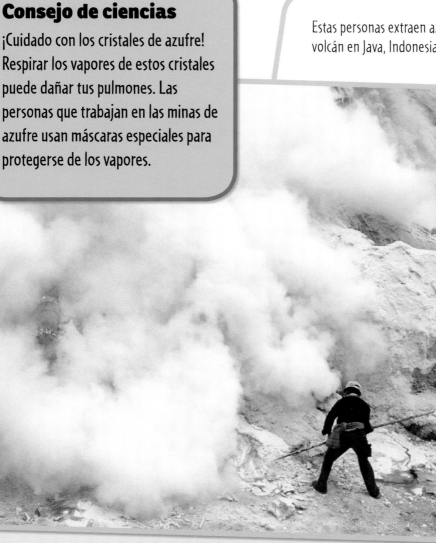

Estas personas extraen azufre de un volcán en Java, Indonesia.

¿QUÉ TIPOS DE CRISTALES EXISTEN?

Existen más de 3,000 tipos de minerales sobre la Tierra. ¿Cómo podemos diferenciar sus cristales?

FORMA Y TAMAÑO

Los cristales tienen diferentes formas y tamaños, dependiendo en parte de las condiciones en las que crecieron. Por ejemplo, los cristales de **yeso** de la página 5 se hicieron enormes porque durante siglos fueron bañados por una **solución** fuerte de yeso y tuvieron espacio suficiente para crecer. En otras partes de la Tierra, los cristales de yeso son más pequeños porque las condiciones de crecimiento fueron diferentes. La forma de los cristales también depende del modo en que **cristalizan** los distintos minerales. Por ejemplo, los cristales de hematitas suelen cristalizarse en formas que parecen racimos de uva.

Las geodas son los espacios de las rocas donde los cristales como el cuarzo de amatista crecen hacia el interior desde el borde.

FORMA REGULAR

La disposición de los átomos en el interior de los cristales les da una forma regular con lados planos, o caras, en la parte exterior. La forma de los cristales es simétrica. Esto significa que las caras de un lado son iguales a las caras del lado opuesto. Los geólogos emplean seis formas generales de cristales (ver el diagrama) para identificar los cristales. Por ejemplo, la forma del cuarzo es una columna de seis lados, pero el granate se forma en cubos.

Biografía

Rene-Just Haüy (1743–1822) fue un sacerdote y geólogo francés. Alrededor del año 1790, accidentalmente dejó caer un cristal de calcita, que se quebró en partes pequeñas y regulares. Haüy estudió los pedazos y se dio cuenta de que la forma de los cristales depende de lo que están compuestos. Escribió el primer libro sobre las formas y las propiedades de los cristales en 1801.

Las líneas en el interior de estas formas de cristales muestran por dónde se podrían cortar en mitades iguales. Estas son las líneas de simetría.

cúbico	tetragonal	hexagonal	ortorrómbico	monoclínico	triclínico
ejemplos: halita, granate, galena	ejemplos: circón, wulfenita, calcopirita	ejemplos: cuarzo, calcita, berilo	ejemplos: azufre, olivino, baritina	ejemplos: mica, yeso, azurita	ejemplos: feldespato, rodonita, cianita

EL COLOR DE LOS CRISTALES

Algunos cristales se pueden identificar por su color. Por ejemplo, la azurita siempre es azul. Sin embargo, hay otros cristales que tienen colores diferentes. Los cristales del berilo pueden ser verde, azul, amarillo, rosado o transparente, dependiendo de los átomos presentes al momento de su formación. Los cristales de alexandrita cambian de color según estén alumbrados por luz eléctrica o por luz natural.

Consejo de ciencias

Observa la página de un libro a través de un cristal transparente. ¿Cómo se ven las palabras? Algunos cristales, como el olivino, o peridoto, producen una reflexión doble de cada palabra porque pueden desviar la luz. Es un poco parecido al modo en que una pajilla se ve doblada en un vaso de agua. Esto es porque la luz se mueve en forma diferente a través del agua que a través del aire.

Los distintos cristales brillan con colores diferentes cuando se los alumbra con una luz especial llamada ultravioleta. Esta es otra prueba muy útil para identificar cristales.

DIFERENCIAS CLARAS

Los distintos tipos de cristales pueden tener el mismo color, mientras que un tipo de cristal puede tener colores diferentes; por este motivo, los geólogos usan pruebas para diferenciarlos. Por ejemplo, prueban la dureza del cristal según el material que los puede rayar, usando las uñas, diferentes metales o incluso otros cristales. El diamante es el cristal más duro y el talco es el más blando.

En ocasiones, dos cristales del mismo tamaño varían muchísimo en el peso. Decimos que tienen **densidades** diferentes. Por ejemplo, 1 centímetro cúbico (3/5 de pulgada cúbica) de cristal de galena es tres veces más pesado que un cristal de talco del mismo tamaño, por lo tanto la galena es tres veces más densa.

La siguiente tabla muestra cómo la densidad y la dureza de una variedad de cristales son claramente diferentes.

Cristal	Color	Dureza (Mohs)	Densidad (g por cm cúbico/onza por pulg. cúbica
circonia	variado	7.5	4.70 / 2.18
rubí	rojo	9.0	4.00 / 2.31
diamante	incoloro	10.0	3.50 / 2.02
olivino	verde oliva	7.0	3.30 / 1.91
esmeralda	verde	8.0	2.75 / 1.59
feldespato	variado	6.0	2.50 / 1.45
cuarzo	variado	7.0	2.50 / 1.45
ópalo	variado	7.0	2.00 / 1.16

¿CÓMO USAMOS LOS CRISTALES?

Usamos cristales diferentes para cosas diferentes. Mezclarlos puede ser peligroso, por lo tanto necesitamos tener modos de identificarlos claramente.

¡PÁSAME LA SAL!

Las personas usan sal para darle sabor a las comidas, y además, un poco de sal nos mantiene saludables. La sal se obtiene a partir del agua de mar (ver página 8) y también a partir de la **sal de roca** de las minas subterráneas. Los mineros bombean agua caliente a través de la sal de roca para **disolver** los **minerales**. De esta manera la **solución** salina se **cristaliza**. La sal de roca no se usa solo para los alimentos. Las personas esparcen sal en las carreteras, para derretir el hielo durante el tiempo frío, y sirve también para hacer cloro, que ayuda a purificar el agua para que se pueda beber.

Una máquina excavadora remueve pedazos de sal de roca que se han cortado en las minas de sal, en Alemania. ¡Los pilares de sal de roca permanecen a ambos lados para que el techo no se derrumbe!

RELOJES Y LÁSERES

La mayoría de los cristales vibra (se sacude) un número exacto de veces por segundo cuando la electricidad pasa a través de ellos. Los relojes de **cuarzo** convierten las vibraciones de **cuarzo** en movimiento de las manecillas del reloj, o usan estas vibraciones para cambiar los números en un panel digital.

Los cristales también pueden vibrar bajo una luz fuerte. Por ejemplo, los **átomos** de cromo de los cristales del rubí producen una luz roja cuando vibran. Esta luz puede convertirse en el haz de luz roja muy fina en un **láser**. Los láseres que usan varios cristales tienen muchas aplicaciones, desde leer DVD a cortar como bisturíes en las cirugías.

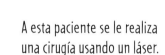

A esta paciente se le realiza una cirugía usando un láser.

Biografía
Theodore Maiman vivió de 1927 a 2007. Cuando era joven, le gustaba desarmar radios y volverlos a armar. En 1960, inventó el láser de rubí. Su intención era que lo usaran los médicos, ¡pero se usó por primera vez para medir la distancia de la Tierra a la Luna!

CRISTALES PRECIOSOS

Algunos cristales son tan hermosos y raros que las personas los compran como **gemas**, para transformarlas en joyas y en otros objetos decorativos. Muchas gemas, como los diamantes, rubíes y zafiros, son transparentes, pero otras no lo son. Por ejemplo, el ópalo es una gema turbia que contiene una gran cantidad de cristales diminutos que producen distintos colores resplandecientes.

Las gemas de mejor calidad son generalmente grandes y de colores intensos, y reflejan la luz muy bien. Muchos de estos cristales no se ven interesantes cuando las personas los hallan en el suelo. Los joyeros usan sierras especiales para cortar en la superficie de las gemas un diseño de caras lisas llamado **facetas**. Estas facetas reflejan la luz en todas direcciones, como los espejos.

Un joyero usa una lupa para examinar la **simetría** de las facetas de un diamante.

EL PODER DE LOS CRISTALES

Las personas han creído desde hace mucho tiempo en el poder curativo de los cristales. Los antiguos egipcios pensaban que los cristales rojos tenían la capacidad de curar las enfermedades de la sangre. En la actualidad, algunas personas aún creen que los cristales tienen poderes. Por ejemplo, se colocan cristales de cuarzo rosa sobre la cabeza para aliviar los dolores de cabeza y para tranquilizarse.

Consejo de ciencias

Los joyeros pulen los cristales para hacerlos más lisos y brillantes. Coloca unos cristales ásperos con media taza de arena y agua en un frasco de plástico con tapa de rosca. Recubre el borde de la tapa con cinta adhesiva para evitar que el agua filtre y agita el frasco tanto tiempo como puedas todos los días durante dos semanas. Los cristales estarán más lisos porque la arena habrá desgastado los bordes ásperos. ¡Es por esto que las piedras de la playa son tan suaves!

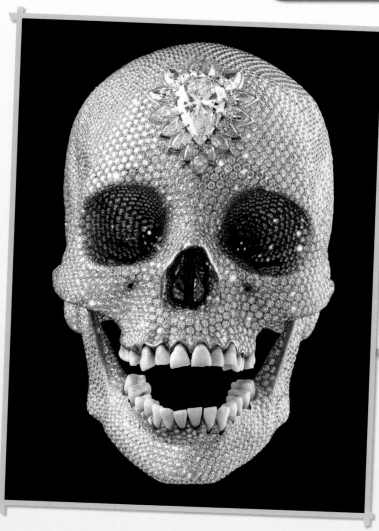

El artista Damien Hirst diseñó en 2007 este cráneo de metal cubierto con más de 8,000 diamantes. La gema grande que está sobre la frente vale, por sí sola, 7 millones de dólares.

¿SE ESTÁN AGOTANDO LOS CRISTALES?

Muchos de los cristales que usamos en la actualidad se formaron hace millones de años. Aún existe una cantidad enorme de cristales como el **yeso** y el **cuarzo**, pero otros se están agotando. Por ejemplo, la tanzanita posiblemente se agote dentro de 15 años. En el interior de la Tierra se van formando gradualmente nuevos cristales, pero podrían pasar miles de años para que se revelen en la superficie a través del **desgaste** y la **erosión**.

PROBLEMAS CON LA MINERÍA

Cuando las minas comienzan a agotar los cristales, las compañías mineras cavan en otros lugares. A veces talan selvas tropicales, construyen caminos a través de los desiertos y arruinan otros **ecosistemas** para abrir nuevas minas. Es posible que obliguen a los mineros a trabajar en condiciones poco seguras y con salarios mínimos para que la compañía pueda ganar más dinero con los cristales que vende.

Las profesiones y las rocas

Algunos **geólogos** trabajan para las organizaciones del **comercio justo de gemas**. Estas organizaciones se aseguran de que los mineros de cristales reciban un salario justo, que trabajen en condiciones seguras y que no dañen la tierra de la que extraen los minerales. Algunos de estos geólogos trabajan en África para detener la extracción de "diamantes de sangre". Estos son los diamantes que venden las personas que maltratan a los mineros y que usan los diamantes para pagar los costos de las guerras.

LA MINERÍA Y LOS DESECHOS

La minería de cristales deja pilas de desechos de roca sobre la superficie terrestre. El agua de lluvia puede reaccionar con los **minerales** contenidos en esta roca y crear **ácidos**. Los ácidos dañan a los animales y a las plantas que habitan en los ríos y los lagos. Cuando se extrae la gravilla del lecho marino para buscar cristales, se destruyen los peces y los huevos que están entre las rocas.

Otro problema es la formación de grandes agujeros subterráneos en el lugar donde se extraen los cristales. En algunas partes, la superficie de la tierra se derrumba, junto con los edificios y los caminos. Esto crea **dolinas**. En 1994, en el estado de Nueva York, la mina de sal más grande de los Estados Unidos se inundó con aguas subterráneas. Esta inundación **disolvió** suficiente **sal de roca** como para que se formaran varias dolinas, ¡algunas del tamaño de un campo de fútbol!

Los ácidos de la minería pueden acabar en los ríos y dañar la vida silvestre.

¡CREA TUS PROPIOS CRISTALES!

¡Crea **estalactitas** de cristales en un trozo de hilo de lana! Elige una habitación seca y cálida para acelerar la **cristalización**.

MATERIALES:

- dos tarros de vidrio
- un platito
- una jarra con medio litro (1 pinta) de agua caliente
- una cucharadita
- dos clips
- 1 metro (3 pies) de estambre blanco
- bicarbonato de sodio
- colorante de alimentos

PROCEDIMIENTO:

1. Dobla el estambre por la mitad y luego otra vez por la mitad. Retuércelo bien.

2. Coloca los extremos del estambre en cada uno de los tarros de vidrio y añade peso a los extremos con los clips, de manera que el estambre forme una curva poco profunda entre los frascos. Coloca el platito entre los frascos.

3. Añade cucharaditas de bicarbonato de sodio a la jarra de agua y revuelve hasta que ya no se **disuelva más**. Agrega de 10 a 20 gotas de colorante de alimentos. Vierte suficiente cantidad de esta solución en cada frasco como para que llegue al estambre.

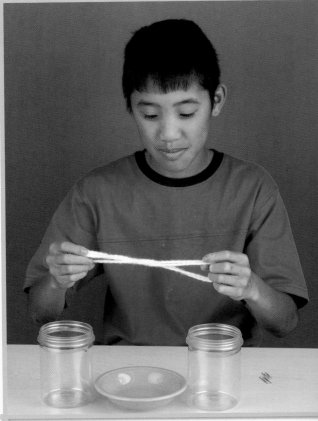

4 Humedece el estambre con agua y observa cómo la solución gradualmente lo empapa. Si se forma un charco de solución en el platito, vuélcala en los tarros. No toques el estambre durante varios días.

5 Deberían comenzar a formarse cristales sobre el estambre en unos dos días. Rellena los frascos con más solución a medida que la cristalización la consuma. Las estalactitas deben comenzar a crecer hacia abajo desde el estambre en alrededor de una semana.

Consejo de ciencias

Los cristales de bicarbonato de sodio se forman lentamente cuando hay un suministro constante de solución **mineral** fuerte. Los espacios entre las fibras de lana en el estambre son lugares buenos y húmedos para que se formen los **cristales semilla.**

GLOSARIO

ácido (sust.) sustancia, normalmente líquida, que puede dañar las cosas que toca si es muy fuerte

ácido (adj.) cuando una sustancia contiene mucho ácido

átomo la partícula más pequeña de materia química que existe

azufre elemento amarillo pálido

calcita tipo de mineral que se encuentra en la roca de piedra caliza

ciclo de la roca formación, destrucción y reciclaje constantes de las rocas en la corteza terrestre

comercio justo forma de comercio que asegura a los trabajadores un salario y condiciones de trabajo justas

corteza capa rocosa de la superficie terrestre

cristalización proceso durante el cual se forman cristales a partir de minerales y otras sustancias

cristalizar formación de cristales a partir de minerales y otras sustancias

cristalógrafo científico que estudia la estructura de los cristales y sus propiedades

cristal semilla cristal diminuto individual a partir del que se forma un cristal más grande

cuarzo mineral duro, que a menudo se encuentra en forma de cristales

densidad medida de la masa en un volumen dado de una sustancia. Por ejemplo, la roca es más densa que el aire.

desgaste fragmentación de las rocas debido a los factores climáticos, como las temperaturas extremas

disolver mezclar completamente con un líquido

dolina cráter en la tierra producido por el derrumbe del techo de una cueva (o cuando se disuelve la piedra caliza que lo sostiene)

ecosistema seres vivos y el medio ambiente en el que habitan

erosión desgaste de las rocas producido por el agua que fluye, el viento y los glaciares

estalactita roca larga y en punta que cuelga del techo de una cueva

estalagmita roca larga y en punta que crece desde el suelo de una cueva

evaporación proceso de transformación de un líquido en gas

faceta el lado liso de una piedra preciosa

feldespato tipo de mineral de color blanco o rojo que se encuentra comúnmente en las rocas

gema piedra preciosa que ha sido cortada y pulida y que se usa para hacer joyas

geólogo científico que estudia las rocas y el suelo que forman la Tierra

grafito mineral blando y negro que se emplea para hacer lápices y otros artículos

láser instrumento que concentra la luz en un haz intenso y angosto

magma roca fundida debajo de la corteza terrestre

manto capa muy profunda de roca ardiente debajo de la corteza terrestre

mineral sustancia que está presente de forma natural en la Tierra, como el oro y la sal

molécula grupo de átomos

partícula pedazo diminuto

presión fuerza o peso que aprieta o comprime una cosa

roca sedimentaria tipo de roca que se forma a partir de pedacitos de roca o de caparazones de animales marinos

sal de roca uno de los elementos más comunes de la corteza terrestre; se encuentra en las rocas y en la arena

silicio uno de los elementos más comunes de la corteza terrestre; se encuentra en las rocas y en la arena

solución el líquido en el que una sustancia está disuelta

rayos X tipo de luz que puede atravesar objetos y permite ver su interior

simetría tener dos lados exactamente de la misma forma y tamaño, pero al revés, como si uno fuera la imagen del otro reflejada en un espejo

simétrico cuando ambos lados de un objeto tienen exactamente la misma forma y tamaño

veta capa delgada de minerales o de metal que se encuentra dentro de una roca

volcán apertura en la superficie terrestre a través de la cual se escapa magma desde las profundidades

yeso mineral blando y blanco como la tiza. El yeso se usa para hacer revoques.

APRENDE MÁS

LECTURA ADICIONAL

Infiesta, Eva, Tola, José. *Átlas básico de fósiles y minerales. Barcelona*: Parramón, 2004.

Pellant, Chris, and Helen Pellant. *Crystals and Gemstones* (Gareth Stevens Learning Library). Pleasantville, N.Y.: Gareth Stevens, 2009.

Symes, R. F., and R. R. Harding. *Crystal and Gem* (Eyewitness). New York: Dorling Kindersley, 2007.

SITIOS WEB

Intenta otro experimento de formación de cristales en:
www.exploratorium.edu/science_explorer/crystal.html

Averigua más sobre las cuevas de cristales gigantes de México en:
http://channel.nationalgeographic.com/series/naked-science /3569/Overview

LUGARES PARA VISITAR

American Museum of Natural History
Central Park West en 79th Street
New York, New York, 10024-5192
Tel: (212) 769-5100
www.amnh.org
Visita la sala de minerales y gemas del museo.

The Field Museum
1400 S. Lake Shore Drive
Chicago, Illinois 60605-2496
Tel: (312) 922-9410
www.fieldmuseum.org
No te pierdas las exposiciones de rocas, minerales y fósiles de todo el mundo.

ÍNDICE